MARKETING DE AFILIADOS

Pautas para triunfar

Rubén Montero Torres

Autor Rubén Montero Torres

IT Campus Academy © 2019

INTRODUCCIÓN 5

MARKETING DE AFILIADOS DENTRO Y FUERA 9
ENCONTRAR PROGRAMAS DE AFILIADOS 11
COMPETIR CON OTROS AFILIADOS 17
LA VENTAJA DE CLICKBANK 25
RESUMEN 29

CAPÍTULO UNO: QUÉ ESPERAR 33

EL ESTILO DE VIDA DEL MARKETING DE AFILIADOS 34
PUBLICIDAD 36
CONSTRUIR SU PROPIA AUDIENCIA 37
CÓMO AFRONTAR EL MARKETING DE AFILIACIÓN 39

CAPÍTULO DOS: LA MECÁNICA DEL MARKETING DE AFILIADOS 42

TIPOS DE PROGRAMA DE AFILIADOS Y CÓMO ELEGIR EL MEJOR PRODUCTO 44
GRAN NICHO, PEQUEÑO NICHO 49
NO INVENTE LA RUEDA 52

CAPÍTULO TRES: VENDER 55

¿QUÉ ES LA PÁGINA DE VENTAS? 55
ESCRIBIR UN GUION DE VENTAS 58

CAPÍTULO CUATRO: MÁS PLATAFORMAS DE VENTA 72

BLOG POSTS 72
EMAIL MARKETING 73

MARKETING DE AFILIACIÓN EN PERSONA 74

CAPÍTULO CINCO: COMERCIALIZANDO SU BLOG, LISTA DE CORREO Y PÁGINA DE VENTAS 78

CAPÍTULO SEIS: OTROS ASPECTOS 81

CAPÍTULO SIETE: LOS SECRETOS QUE HA APRENDIDO...91

INTRODUCCIÓN

El marketing de afiliación siempre ha sido uno de los métodos más populares para ganar dinero. Para una persona que esté empezando, no hay un método más fácil o rápido para generar ingresos. Para cualquier persona que ya opera su propio negocio en línea, vender productos de otras personas puede generar un aumento sustancial en los ingresos que ya están recibiendo.

El atractivo principal procede del hecho de que la única tarea que debe realizar el afiliado es promocionar cualquier producto o servicio que crea que tiene un potencial de ventas sustancial. El propietario del producto o servicio es el encargado de todo lo demás.

En teoría, ni siquiera necesita tener un sitio web propio para ganar dinero como afiliado. Simplemente puede promover su enlace de afiliado asignado y luego enviar a posibles compradores a la página de ventas del propietario.

Por supuesto, el inconveniente obvio es que casi todos los demás afiliados harán exactamente lo mismo. Si todo lo que está haciendo es dirigir el tráfico a través de su enlace de ventas de afiliados, competirá en un nivel igual con muchas personas que están promoviendo el mismo producto. La única forma de romper el círculo es comercializar y promocionar el producto afiliado de una manera más inteligente y agresiva.

Aquellos a los que se conoce como "súper" afiliados, ganan una gran cantidad de dinero vendiendo productos de otras personas. Esto es así porque los comercializan y los promocionan de la misma manera que lo harían con sus propios productos. Es decir, dándoles un trato más personal y cuidado.

De esta forma, aunque hay una página de ventas asociada con cada uno de los productos afiliados, crean una página en su propio sitio web. El propósito de esa página es pre-vender el artículo a las personas/usuarios alcanzados. En otras palabras, ya tiene al cliente ganado antes de enviarlo a la página de venta final.

Asimismo, es gente que invierte para lograr mayores ventas, ya sea a través de campañas de pago por clic o el uso de su propio sitio web. Este tipo de vendedores saben que para ganar dinero deben invertir dinero.

Pero el pago por clic y el uso de su propio sitio web para promocionar productos son solo dos de los métodos que utilizan. Otros métodos empleados son:

Redacción de reseñas de productos y testimonios personales, recomendaciones y demostraciones.

Participación en los blogs de nicho operativo que están directamente asociados con los productos que están promocionando.

Escribir y distribuir artículos que contengan información relacionada con productos individuales (que incluyen su enlace de afiliado).

Ofrecer un bono especial que solo esté disponible si el producto se compra a través del propio enlace de ventas del afiliado.

Regalar consejos e información gratuitos, ya sea en su sitio web o distribuidos a través de libros electrónicos o mensajes de respuesta automática.

Capturar nombres de prospectos y direcciones de correo electrónico para futuros contactos y seguimiento continuo.

Utilizar sus propios materiales de marketing y promoción.

Todos los métodos mencionados son importantes pero el ultimo es, de hecho, el más valioso y efectivo. Si bien los demás afiliados simplemente copian y pegan anuncios individuales que el propietario del producto ha puesto a su disposición, el súper afiliado está desarrollando su propio contenido de ventas único y original.

En lugar de entregar el mismo mensaje que todos los demás afiliados están entregando, juegan dándole su propio toque personal. Eso significa que pueden hacer que la oferta parezca más valiosa, más atractiva y más original. Y por supuesto, en última instancia, generarán más ventas.

Pero esto no es todo. También garantizan su éxito asegurándose de que están en el buen camino. En lugar de saltar sobre cada programa, producto o servicio que se les presente, seleccionan y eligen cuidadosamente aquellos en los que confían para poder comercializarlos y promoverlos de manera efectiva. No es solo vender, también hay que tomar consciencia de lo que se está vendiendo y cuan bueno puede ser el resultado derivado del esfuerzo que están dispuestos a poner en juego.

Aunque un cierto grado de instinto y experiencia pasada funciona bien en este sentido, hay factores básicos que ayudarán a cualquiera a elegir los mejores productos. Cosas como:

Determinar el nivel de interés y demanda del producto.

Evaluar si la página de ventas es capaz o no de convertir las perspectivas que envía allí en compradores

Verificar la calidad general y el valor del producto.

Tener suficiente información sobre el producto para comercializarlo efectivamente.

Los súper afiliados no obtienen su estatus de la noche a la mañana. Trabajan duro en lo que hacen y ponen el tiempo y el esfuerzo necesarios para superar a todos los demás en su área de afiliados. Dicho de otro modo: no va a ser un gran vendedor si no está dispuesto a trabajar para ello.

¿Merece la pena el esfuerzo? La respuesta es un sí rotundo. Si trabaja adecuadamente podrá ver como un ingreso sustancial se generará una y otra vez, mes tras mes y año tras año, durante el tiempo que desee continuar comercializando y promocionando productos de afiliados.

MARKETING DE AFILIADOS DENTRO Y FUERA

Cómo elegir los productos adecuados

Cuando considera todos los productos y programas que son capaces de generar ingresos de afiliados, puede ser muy difícil elegir cuáles tienen el mayor potencial.

En la mayoría de los casos, no lo sabrá con certeza hasta que empiece a promocionar un producto determinado. Pero hay factores que pueden ayudar a disminuir el riesgo de elegir productos que tienen poco o ningún potencial.

1. En primer lugar, debe establecer si existe o no una demanda viable para un producto. Además de determinar si las personas desean el producto, debe averiguar qué tipo de personas estarían interesadas y si puede llegar fácilmente a ese público objetivo.

2. ¿Qué tan buena es la página de ventas del producto? Si no parece que pueda convertir a los visitantes en compradores, tiene que decidir cuánto trabajo tomará de su parte para anular ese inconveniente en particular. Luego debe decidir si

vale la pena el esfuerzo adicional que invertirá. En general, debe decidir si el sitio web le ayudará o dificultará su capacidad para realizar ventas. Siga sus instintos. Si no se siente cómodo con el aspecto, la página de ventas o el proceso de pedido, es probable que el espectador promedio tampoco lo haga.

3. ¿Puede obtener suficiente beneficio mediante la promoción del producto? Algunos propietarios recompensan a sus afiliados dándoles comisiones generosas, mientras que otros simplemente ofrecen un porcentaje muy pequeño. En su mayor parte, esas diferencias están asociadas con dos categorías muy específicas: productos digitales y físicos. Por ejemplo, por lo general puede ganar al menos el 50% de la venta de libros electrónicos y productos de software. Con artículos físicos como vitaminas, libros impresos y productos para mascotas, una comisión de afiliados puede ser relativamente baja (en promedio, en algún lugar entre el 5% y el 10%).

Aunque el porcentaje es importante, también depende del precio del producto. Si está vendiendo una máquina para hacer ejercicio que se vende por 1800 euros, incluso una comisión mínima del 10% le hará ganar 180 por cada venta que realice. Por otro lado, si usted es un afiliado de Amazon tendrá que lidiar con artículos que a menudo tienen un precio de venta muy bajo. Para obtener un nivel sustancial de ingresos, deberá mover un volumen increíblemente grande de productos.

4. La calidad del producto es extremadamente importante. Si usted mismo no se siente seguro de lo bueno que es o qué tan bien se desempeña, será difícil para usted lanzar una campaña de promoción exitosa, y mucho menos mantenerla durante un período prolongado de tiempo. Creer en su producto lo convertirá en un mejor vendedor y se mostrará mucho más seguro cuando tenga que hablar con sus futuros clientes.

5. Debe tener la capacidad de rastrear y monitorear todo lo relacionado con sus actividades de afiliados. Eso incluiría cosas como la cantidad de visitantes que envía a cada página de ventas, cuántos de ellos realmente hicieron una compra, estadísticas de ventas y reembolsos. Asegúrese de que puede hacerlo, ya sea a través del programa o utilizando su propio dispositivo de rastreo independiente. Esto lo mantendrá al tanto del rendimiento de cada producto, permitiéndole determinar qué campañas deben ser ajustadas, aumentadas o eliminadas por completo.

ENCONTRAR PROGRAMAS DE AFILIADOS

Hay tres métodos básicos para localizar buenos programas de afiliados:

1. Realizar búsquedas basadas en un nicho de mercado particular.

2. Registrarse para utilizar los servicios de una red de marketing de afiliados.

3. Buscar a través de las categorías de directorios de programas de afiliados.

La **primera opción** requerirá una cantidad de tiempo considerable, pero definitivamente vale la pena el esfuerzo. Suponiendo, por supuesto, que ha completado todo el trabajo preliminar necesario que garantizaría un resultado positivo. Eso incluiría cosas como determinar su público objetivo exacto, elegir palabras clave específicas y altamente relevantes, y establecer qué criterios constituirían un programa de afiliados justo y equitativo.

La búsqueda en sí se llevaría a cabo en dos etapas. La primera etapa implicaría las palabras clave. Primero debe seleccionar una lista de frases de búsqueda que sean muy relevantes para el producto. Luego realizaremos búsquedas usando cada una de esas palabras clave. Esto le llevará a mercados especializados y sus productos.

La segunda etapa involucraría cualquier palabra clave dada más la palabra afiliado. Por ejemplo, "afiliado de adiestramiento canino" o "adiestramiento canino afiliado". Lo que generalmente aparecerá es un programa de afiliados para productos asociados con esa palabra clave en particular o un sitio de contenido que ya sea afiliado.

De cualquier manera, permite acciones adicionales con respecto a convertirse en un afiliado para una palabra clave específica o un nicho de producto.

Escoger las Palabras Clave

La clave de la mayoría de estos métodos de tráfico es la investigación adecuada de palabras clave. Si no se toma el tiempo de investigar sus palabras clave con cuidado, no tendrá muchas posibilidades de obtener un nivel de tráfico que ayude a su sitio a ganar buen dinero.

Afortunadamente, la investigación de palabras clave es un proceso relativamente simple. Si sabe lo que está haciendo, puede buscar muchas buenas palabras clave para su nicho en solo unos minutos.

Cuando se trata de palabras clave, hay palabras clave principales y lo que se conoce como "frases de palabras clave ".

Los términos de palabras clave principales suelen ser frases más cortas, como "pérdida de peso", mientras que las palabras clave largas constan de varias palabras clave que describen un mercado o nicho, como por ejemplo "estrategias de pérdida de peso para personas mayores".

En su mayor parte, las palabras clave principales siempre están dirigidas a un mayor número de competencia, ya que son una descripción breve de un mercado, y las frases de palabras clave largas generarán menos tráfico, pero son mucho más fáciles de dominar dentro de los motores de búsqueda.

Los expertos en marketing se centran en las palabras clave largas y miden su exposición por un recuento COLECTIVO de todo el tráfico generado a partir de múltiples campañas basadas en esto.

Le resultará mucho más fácil posicionarse en los mejores resultados del motor de búsqueda si se enfoca principalmente en inyectar palabras clave largas en sus estrategias de generación de tráfico.

Considere el hecho de que podría tardar meses (y gastar bastante dinero en efectivo) en clasificar para el término "pérdida de peso"; sin embargo, si configura una docena de campañas diferentes dirigidas a palabras clave relevantes y de mayor tamaño que incluyen "pérdida de peso después del embarazo", "cómo perder peso rápidamente" o "métodos seguros y fáciles de perder peso", generará un tráfico constante desde todas las campañas (aunque sea más bajo que una sola palabra clave principal), lo que le otorgará MÁS exposición que una palabra clave competitiva que está luchando constantemente para clasificar. Por mucho menos mantendrá su posición.

Puede realizar rápidamente una investigación de palabras clave para su nicho de mercado con solo utilizar los servicios en línea, como Google's Keyword Utility.

Para realizar una búsqueda de palabras clave, debe comenzar ingresando lo que se conoce como palabra clave "seed" (semilla), básicamente un punto de partida para su investigación de palabras clave.

La palabra clave semilla es un término corto que describe su mercado, nicho o productos potenciales que está considerando promocionar.

NOTA: Sus resultados no se ordenarán por tráfico, por lo que debe hacer clic en "Volumen de búsqueda mensual global" en la parte superior de los resultados. Esto ordenará los resultados por volumen de tráfico de mayor a menor.

Desea buscar frases de palabras clave que reciban al menos 300 búsquedas por mes según la herramienta. Cada frase podría recibir mucho más o menos de lo que muestra la herramienta, así que téngalo en cuenta.

También debe verificar para asegurarse de que las frases a las que se dirige no tengan tanta competencia por lo que sería extremadamente difícil clasificarlas.

Con la **segunda opción**, simplemente abre una cuenta principal con la red de afiliados que, a su vez, le da derecho a promocionar cualquiera de los productos que están incluidos en sus listados. Aunque estas redes de afiliados no siempre son capaces de ofrecerle coincidencias exactas con lo que está buscando, pueden ser increíbles ahorradores de tiempo… Y no lo olvide: su tiempo es dinero.

Los sitios web de marketing de afiliados como Commission Junction (http://www.cj.com) y Click Bank (http://www.clickbank.com) hacen que sea extremadamente fácil encontrar buenos programas de afiliados. Y, en general, para productos y servicios que sean altamente compatibles con el nicho o la audiencia a la que se dirigirá.

Tenga en cuenta que solo Commission Junction ofrece todas las gamas de productos, servicios y programas, tanto digitales como tangibles. ClickBank, por otro lado, solo maneja productos digitales como libros electrónicos y programas de software. Si no se puede descargar o entregar electrónicamente, no lo encontrará en el mercado de ClickBank (http://marketplace.clickbank.net).

La **tercera opción** le permite buscar programas de afiliación por categoría, al igual que puede hacerlo con redes como Commission Junction y ClickBank. La única diferencia es que se inscribirá en cualquiera de los programas que elija de forma independiente (a través del proceso de afiliación del propietario del producto). Todo lo que hace el directorio es proporcionar un método conveniente para localizar programas de afiliados. El resto depende de usted. Aquí hay varios directorios de afiliados populares:

Associate Programs
http://www.associateprograms.com

Affiliate Match http://www.affiliatematch.com

Affiliates Directory
http://www.affiliatesdirectory.com

Affiliate Programs Directory http://www.affiliate-programs-directory.com

COMPETIR CON OTROS AFILIADOS

Tener que competir con cientos o incluso miles de afiliados puede hacer que la tarea de generar ingresos sea extremadamente difícil. Y la única manera de combatir toda esa competencia es encontrar métodos y técnicas que le hagan destacar entre la multitud.

Aquí hay varias maneras en que puede hacer eso:

1. **Use su propio sitio web.** Si aún no tiene un sitio web propio, consiga uno. Si tiene un sitio web pero no se presta para promocionar los productos y servicios de otras personas, cree un sitio que sí lo haga.

Si bien puede promocionar productos de afiliados sin un sitio web, existen distintas ventajas al tener una base de operaciones. La ventaja más importante es el hecho de que puede pre-vender los productos. En lugar de enviar prospectos fríos a la página de ventas del propietario, los tendrá listos y preparados para realizar la compra.

Cómo realizar estos documentos depende del producto en sí. Con algunos de ellos, simplemente puede escribir un testimonio positivo y brillante, diciéndoles a sus clientes qué tan bueno es el producto y cuánto beneficio recibe cada vez que lo usa. Con otros productos, es posible que desee darles un tono de venta condensado que incluya un problema común (bajo rendimiento en el campo de golf) y la solución definitiva (un club nuevo y revolucionario que está garantizado para mejorar su puntuación).

2. **Escriba comentarios y recomendaciones personales.** Hay una razón por la que los comerciales de televisión que tienen celebridades que promocionan productos son tan populares. Si es que bebe ese refresco o usa esos pantalones vaqueros o conduce ese automóvil, debe valer la pena comprarlos.

Tener a alguien que respalde personalmente un producto es el principal impulsor de ventas. Y aunque no sea una celebridad, su recomendación personal ayudará a convencer a los compradores de lo bueno que es su producto de afiliado.

Revise el producto bajo una luz positiva. Use la información de la página de ventas del propietario o los beneficios de la lista que usted mismo haya pensado. Ofrezca a los posibles compradores una razón sólida para hacer clic en el sitio web del producto.

Implementar el enfoque de ventas habitual está bien. Pero la táctica más efectiva, la que aumentará rápida y fácilmente la tasa de conversión, es que usted personalmente elogie cualquier producto que esté promocionando.

3. **Operar un blog.** No hay mejor método para promocionar productos que un blog. Naturalmente, puede hacer lo mismo en un boletín informativo, pero eso solo lo pueden leer las personas que ya están en su lista de correo. Con un blog, puede llegar a un número ilimitado de personas interesadas en el tipo de productos que está promocionando.

Por supuesto, no puede simplemente usar el blog para vender cosas. Debe proporcionar contenido valioso y útil, algo que no solo hará que la gente escuche, sino que hará que regresen con regularidad.

El contenido más fácil, al menos para cualquiera que confíe en las ventas de afiliados, es simplemente proporcionar revisiones de productos. Si, por ejemplo, promociona varios artículos para mascotas y libros electrónicos de entrenamiento, puede crear un blog para ese nicho en particular y luego incluir informes detallados sobre diferentes aspectos de productos individuales. También puede dar consejos y sugerencias con respecto al uso de cualquiera de los productos. O bien podría proporcionar ideas sobre la mejor manera de utilizar los productos.

Incluso puede pedir a los lectores que ofrezcan sus propias opiniones y recomendaciones. En la mayoría de los casos, este tipo de publicaciones estimulará los comentarios de los espectadores, lo que a su vez estimulará los comentarios de otros espectadores. Y, por supuesto, cuantos más comentarios se publiquen, más interés se generará en general.

4. **Escribir artículos.** No hay mejor manera de obtener reconocimiento personal que escribir y distribuir sus propios artículos. Y una vez que establezca el reconocimiento, todos los testimonios de sus productos se tomarán con mayor seriedad.

Cuando se trata de elegir temas para sus artículos, siempre elija algo que esté directamente relacionado con al menos uno de los productos que está promocionando. De esa manera, puede recomendar el producto e incluir su enlace de afiliado allí mismo dentro del artículo.

Y asegúrese de aprovechar al máximo los recursos de autor.

No olvide incluir sus artículos en su sitio web, en su blog o cualquier otro lugar como un boletín informativo. Recuerde enviar sus artículos al mayor número de directorios en línea como pueda. (Más adelante hablaremos más sobre cómo deben ser sus artículos para que sean exitosos)

5. **Ofrecer un bono especial.** Este es, con mucho, el mejor método para vender más que otros afiliados. Básicamente, usted mejora el paquete del producto original del propietario al lanzar otro producto (o productos) sin costo adicional.

Por supuesto, cuanto más valioso y único sea el bono, mayor será la posibilidad de realizar más ventas que el siguiente tipo. El único criterio es que sea cual sea el bono que elija, debe estar directamente relacionado con el producto principal.

Aunque ciertamente podría ofrecer un elemento tangible, el bono menos problemático sería algo digital. De esa manera, no tiene que preocuparse por entregarlo físicamente al comprador.

Por ejemplo, si el producto que está vendiendo es ese nuevo y revolucionario club de golf que mencionamos anteriormente, podría crear un libro electrónico con consejos sobre cómo un golfista puede mejorar su swing. O bien, puede crear un video que realmente les muestre cómo hacerlo correctamente.

El punto es que desea un bono que el comprador pueda simplemente descargar una vez que haya realizado la compra inicial del producto. Eso reduce automáticamente la cantidad de trabajo involucrado en la entrega del bono.

Naturalmente, la cantidad de tiempo y dinero que invierte para crear el bono digital dependerá de la cantidad de dinero que reciba como afiliado para cada venta.

Solo tenga en cuenta que solo tendrá el costo de crear un bono digital una vez. Pero el valor de ofrecer a los posibles compradores un bono especial fácilmente podría generar ingresos sustanciales durante un período de tiempo considerablemente largo.

Asegúrese de anunciar claramente que la bonificación solo se puede adquirir si realiza su compra a través de su enlace de afiliado. Si obtienen el producto en cualquier otro lugar, bajo cualquier otra condición que no sea la suya, no recibirán el bono que está ofreciendo. Debe dejar esto muy claro.

6. Regale consejos e información gratis. En lugar de despedir a todos los espectadores que analizan su oferta, pero no compran de inmediato, debe ofrecerles consejos e información gratuitos. Naturalmente, el contenido estará directamente relacionado con los productos que está promocionando.

Puede colocar ese contenido en su sitio web, pero también debe proporcionar métodos en los que el espectador tenga la información disponible en su propia computadora.

Por ejemplo:

Prepare una lista descargable de preguntas frecuentes sobre el producto y cómo usarlo.

Cree un libro electrónico que incluya ideas para obtener el máximo potencial de un producto o servicio.

Desarrolle una instrucción de autorespondedor, instrucciones o un curso de información general que se entregará durante un período de días o semanas posteriores.

En cada instancia en la que brinde consejos, sugerencias o información, asegúrese de incluir también detalles específicos sobre el producto con el que está asociado.

Y, por supuesto, también deberá incluir su enlace de afiliado personal.

7. **Capturar nombres y direcciones de correo electrónico.** Uno de los principales inconvenientes de ser un afiliado es el hecho de que generalmente no tiene la oportunidad de obtener los nombres y direcciones de correo electrónico de las personas que compran a través de su enlace de afiliado. Además, atraerá a muchas personas específicas que no están listas para comprar durante su primera exposición a su oferta.

Haga lo que sea necesario para alentar a los clientes potenciales a registrarlos en su lista de correo. Si crea un curso de respuesta automática (y utiliza un servicio de respuesta automática calificado), recibirá automáticamente nombres y direcciones de correo electrónico. Pero, ¿qué hay de las descargas gratuitas, como libros electrónicos o informes, que está regalando?

En lugar de simplemente dejar que los espectadores los tomen de forma anónima, haga que completen y envíen un formulario primero. De esa manera, ellos obtienen la información gratuita y usted recibe su nombre y dirección de correo electrónico.

Ahora puede comunicarse con ellos durante un período prolongado de tiempo y continuar dándoles valiosos consejos e información sobre el producto o el tipo de productos en los que inicialmente estaban interesados. Simplemente no abuse del privilegio enviándoles mensajes promocionales y nada más.

Su objetivo final es vender algo, pero para que sus miembros de la lista de correo pasen a una posición de compra, primero debe establecer una relación de confianza y respeto. Esto se logrará al proporcionarles información valiosa y, al mismo tiempo, informarles de los beneficios que proporcionará el producto.

En este punto, debe tener en cuenta la normativa de su país. La inserción de un botón que facilite la baja de su lista de envíos o la aceptación inicial para hacerles llegar información son aspectos que deberá cumplir si no quiere tener problemas relacionados con la ley de protección de datos. Añadir una línea más a su formulario donde invita a sus usuarios a aceptar el envío de futuros emails no le supondrá grandes inconvenientes y le prevendrá de problemas.

8. **Use sus propios anuncios y materiales promocionales.** La mayoría de los afiliados confían en los materiales promocionales proporcionados por el propietario del producto. Eso incluiría cosas como anuncios individuales y clasificados, pancartas, páginas de ventas pre-escritas e imágenes de portadas y productos. Aunque podría ser material de calidad, el hecho de que muchos otros afiliados lo utilicen diluirá automáticamente el impacto y la eficacia.

Puede obtener resultados mucho mejores escribiendo sus propios anuncios, creando páginas de ventas nuevas y desarrollando nuevos banners e imágenes. El propósito principal es tener algo diferente a cualquiera de los otros afiliados.

Además, también es posible que lo que cree sea superior al material de marketing original. En general, es simplemente una cuestión de hacer algo diferente y único. Y hacerlo mejor y más agresivamente que cualquier otra persona.

LA VENTAJA DE CLICKBANK

La principal ventaja de ClickBank, aparte del hecho de que es una mina de oro virtual para los afiliados, es la simplicidad innata de su uso e implementación.

Una vez que se inscriba en ClickBank (de forma gratuita), tendrá su propia identificación personal que a su vez se incluirá en cualquiera de los enlaces de afiliados de su producto.

Por ejemplo, si su ID de ClickBank es "softsell" y la ID del propietario del producto es "eproducts", su dirección URL de afiliado sería http://softsell.eproducts.hop.clickbank.net

Para encontrar productos que se ajusten a su nicho de mercado o público objetivo, todo lo que necesita hacer es visitar el Mercado de ClickBank (cuando llegue por primera vez al sitio web, haga clic en "Obtener comisiones").

El mercado divide los productos en categorías principales. Al hacer clic en cualquiera de esos enlaces de categoría, podrá profundizar aún más. Por ejemplo, si hace clic en Salud y forma física, recibirá una lista de subcategorías que incluyen Adicción, Condición física, Belleza, Nutrición, Dieta, Medicina y Salud.

Los primeros diez listados en cada categoría son los que más ganan los afiliados. Esto le permite ver de un vistazo qué productos están haciendo la mayor cantidad de dinero para sus afiliados. Pero eso no significa que deba elegir cualquiera de los diez primeros.

A veces es mucho más productivo ir con uno de los listados inferiores y luego convertirlo en una fuente de ingresos superior para usted personalmente. Por un lado, no tendrá tanta competencia. Y por otro, le obligará a ser un poco más creativo con su marketing y promoción.

Por supuesto, los criterios básicos de selección de productos todavía se aplican aquí. Con cualquier producto que esté considerando todavía necesita hacer clic en su página de ventas y establecer qué tan bueno será convertir a los interesados en compradores.

No solo debe de evaluar la página de ventas, también debe asegurarse de que el proceso de ventas no sabotee sus propios esfuerzos.

Debe evitar aspectos como:

Permitir que las personas compren a través de métodos alternativos que omitirían o excluirían su enlace de afiliado de ClickBank.

Venta de diversos productos no relacionados en la misma página.

Los productos se venden en la misma página, pero el enlace no da crédito a su ID de afiliado de ClickBank.

Los nombres y las direcciones de correo electrónico están siendo capturados por el propietario para un futuro seguimiento que podría robarle la comisión de afiliación que le corresponde.

En general, deseará ver una página de ventas agradable y centrada en el único producto de ClickBank que está promocionando y nada más. Si la página de ventas no hace eso y se diluye con todo tipo de cosas que benefician al propietario, pero no a usted, ignore ese producto y encuentre uno que valga su tiempo y esfuerzo.

Una vez que haya elegido los productos "adecuados", deberá comenzar con el marketing y la promoción. Y dado que no existe un método más efectivo y rentable que usar el pago por clic, la combinación perfecta para hacer dinero es los productos afiliados de ClickBank y la publicidad en Google AdWords. El poder de esto es innegable.

Google AdWords permite entre otras cosas anunciar directamente a audiencias altamente específicas (lo que hace que su anuncio llegue realmente a personas que pueden estar interesadas de verdad), mostrar su anuncio casi inmediatamente y empezar a traer dinero casi de la misma forma, da un enlace directamente a cualquier página de destino y, además, nos permite contar con unas estadísticas de anuncios precisas y muy avanzadas.

Por supuesto, el éxito de sus campañas de AdWords dependerá casi totalmente de la fuerza de las **palabras clave** que haya seleccionado.

Tenga en cuenta que la fórmula ganadora es elegir palabras clave que se busquen ampliamente pero que tengan poca o ninguna competencia. Para realizar ese tipo de investigación, tiene dos opciones: invertir una gran cantidad de tiempo en clasificar todos los datos, o simplemente usar Ad Word Analyzer.

Esta le dará una lista completa de los términos de búsqueda relacionados con la palabra clave que introduzca.

Pero en lugar de utilizar simplemente Ad Word Analyzer para encontrar buenas palabras clave, también puede usarlo para encontrar los mejores mercados. Incluso antes de localizar cualquier producto.

Luego, una vez que haya revelado las posibilidades de campaña más prometedoras, puede usar ClickBank para encontrar elementos específicos para promocionar.

RESUMEN

Veamos ahora los aspectos más importantes que hemos tratado hasta el momento en apartados anteriores para mantenerlos frescos en nuestra mente:

Para cualquier persona que empieza, no existe un método más rápido o más fácil de generar ingresos que el marketing de afiliación.

Para cualquier persona que ya opera su propio negocio en línea, vender productos de otras personas puede generar un aumento sustancial en sus ingresos actuales.

Si todo lo que está haciendo es dirigir el tráfico a través de su enlace de ventas de afiliados, competirá en un nivel igual con muchas personas que están promoviendo el mismo producto.

Los súper afiliados ganan una gran cantidad de dinero vendiendo productos de otras personas, principalmente porque los comercializan y promocionan de la misma manera que lo harían con sus propios productos.

Los súper afiliados utilizan el pago por clic como su principal método de publicidad (saben que tienen que gastar dinero para ganar dinero).

Mientras que otros afiliados simplemente están copiando y pegando anuncios que el propietario del producto ha puesto a disposición, los súper afiliados están desarrollando su propio contenido de ventas único y original.

En lugar de saltar sobre cada programa, producto y servicio que se les presente, los súper afiliados seleccionan cuidadosamente aquellos en los que confían que pueden comercializarse y promoverse de manera efectiva.

Al elegir un producto, debe establecerse si existe o no una demanda viable.

Si no se siente cómodo con el sitio web, la página de ventas o el proceso de pedido de un producto, es probable que el espectador promedio tampoco lo haga.

Si no se siente seguro de la calidad de un producto, será difícil para usted lanzar una campaña de promoción exitosa.

Debe tener la capacidad de rastrear y monitorear todo lo relacionado con sus actividades de afiliados.

Para encontrar buenos programas de afiliados, puede realizar búsquedas basadas en un nicho de mercado en particular, registrarse para usar los servicios de una red de marketing de afiliados o buscar en las categorías de directorios de programas de afiliados.

Los sitios web de marketing de afiliados hacen que sea extremadamente fácil localizar buenos programas de afiliados, productos que son altamente compatibles con su nicho o público objetivo.

Una de las tácticas más efectivas es escribir comentarios y recomendaciones personales de los productos.

Con un blog especializado puede llegar a un número ilimitado de personas interesadas en el tipo de productos que está promocionando.

No hay mejor manera de obtener reconocimiento personal que escribir y distribuir sus propios artículos.

Uno de los mejores métodos para vender mejor que otros afiliados es mejorar el paquete del producto original del propietario con otro producto (bonificación) sin costo adicional.

Ofrezca consejos, sugerencias e información junto con detalles específicos sobre el producto relacionado y su enlace de afiliado.

Anime a los espectadores a registrarse en su lista de correo para que pueda comunicarse con ellos durante un período prolongado de tiempo.

Puede lograr resultados mucho mejores escribiendo sus propios anuncios y creando nuevos banners e imágenes.

CAPÍTULO UNO: QUÉ ESPERAR

Cuando uno piensa en hacer dinero en línea, la mejor opción para la mayor parte de las personas es entrar en el marketing de afiliación. Este es un segmento relativamente sencillo de entender y manejar para la mayoría. Al mismo tiempo, es potencialmente uno de los modelos de negocio más rentables que puede usar en línea y, ciertamente, mucho más rentable que los blogs para los ingresos de AdSense o similares.

Y este es un punto que a los anunciantes de Facebook a menudo les gusta trabajar. Lo más probable es que haya visto muchos anuncios de programas para hacer dinero en línea. Y sin duda 9 de cada 10 veces, se basarán en el marketing de afiliación. Usted podrá reconocer fácilmente estos anuncios si los ve. Son aquellos en los que las personas le hablan desde una ubicación de ensueño y le cuentan cómo ganan un salario de 6 cifras con solo unas pocas horas de trabajo cada semana.

Otra de las imágenes habituales en este tipo de anuncios es la de "multimillonarios" en línea hablando de sus sistemas de hacer dinero mientras usan trajes de diseño en sus oficinas. Han creado un "imperio digital" por su cuenta usando técnicas de marketing de afiliados y ahora son ricos y poderosos... ¿Pero todo esto es cierto? ¿Realmente puede lograr todo eso a través de la comercialización de afiliados? ¿Es realmente tan fácil? ¿O hay más que eso?

Ciertamente hay datos en todos los extremos. La cifra media según las encuestas es que la ganancia habitual oscila entre los 20.000 y los 100.000 dólares. ¿Cuál es la razón de esta diferencia? En muchos casos tan solo el esfuerzo personal de cada de uno.

EL ESTILO DE VIDA DEL MARKETING DE AFILIADOS

¿En qué consiste el marketing de afiliados?

Quizás el mayor atractivo del marketing de afiliación no sea el dinero. Para muchas personas, el atractivo radica en el hecho de que este es un modelo de negocio completamente "pasivo". Una vez que haya configurado todos los aspectos, como su cuenta de red de afiliados y su blog / página de ventas, literalmente puede ganar dinero mientras duerme o está de vacaciones.

Pero de nuevo esto puede torcerse. Este aspecto final es lo que puede lograr una vez que esté en la cima de su juego como vendedor afiliado... y esto no ocurre de la noche a la mañana.

De hecho, es probable que el marketing de afiliación implique inicialmente mucho trabajo. La idea aquí es que ponga el trabajo por adelantado para que pueda recoger las semillas de su trabajo en el futuro. La realidad es que, para empezar, debe estar dispuesto a dedicar muchas horas a cambio de muy poca recompensa.

Entonces, ¿qué implica el marketing de afiliación? Esencialmente, como vendedor de afiliados, usted vende productos de otros por una comisión. Esto significa que encontrará productos en línea y los promocionará utilizando su propio enlace de afiliado. Si alguien hace clic en su enlace y luego compra el producto, obtendrá un porcentaje de las ganancias.

No implica ningún riesgo para usted porque no está creando el producto y no tiene nada que enviar o almacenar. Todo lo que tiene que hacer es vender. La parte difícil, sin embargo, está en hacer esa venta. Aquí es donde entra la parte de "marketing" y su trabajo aquí es encontrar una gran audiencia a través de un blog, una campaña de correo electrónico, publicidad o medios sociales. Es decir, a través de cualquier herramienta que encuentre que sea la más efectiva.

Esta es la razón por la cual no hay una curva de aprendizaje abrupta o una barrera para la entrada para los principiantes. Todo lo que están haciendo literalmente es asegurarse de que la gente vea su enlace de afiliado. No hay creación de producto ni inversión. Puede comenzar en minutos y no le costará ni un céntimo.

Si es un gran blogger y ya tiene una audiencia de 10.000 lectores por día, lo encontrará muy fácil. Todo lo que necesita hacer es poner un texto muy persuasivo en su sitio web junto con el enlace y comenzará a dirigir el tráfico. Sin embargo, si este es su primer intento de marketing de afiliación, es posible que este proceso le resulte un poco más complejo y difícil.

En este punto tiene dos opciones: construir su propia audiencia o anunciarse. De hecho, hay otros aspectos que puede tomar, pero para empezar estas dos opciones son suficientes.

PUBLICIDAD

Si va a utilizar la ruta de marketing de pago, eso significa que probablemente va a utilizar PPC. Esto es 'pago por clic' y básicamente significa que usted paga por cada persona que hace clic en un anuncio y, por lo tanto, se envía a su sitio. Cuanto más dinero paga, más visitantes obtiene.

Si diseña bien su sitio y realmente puede convencer a la gente para que compre sus productos, entonces debería poder convertir una cantidad predecible de visitantes en compradores. Esto, a su vez, significa que puede calcular su ROI (retorno de inversión) preciso. De esta forma, si paga una cierta cantidad por visitante, y el N porcentaje de esos visitantes le hacen ganar X cantidad de dinero, puede determinar si su estrategia es rentable o no.

La cantidad que pague por clic dependerá de la cantidad de competencia disponible para su anuncio. Los anuncios PPC funcionan en un sistema de "oferta", donde el anunciante que ofrece más por clic es el anunciante cuyo anuncio es más probable que se muestre.

Mientras tanto, incluso si su sitio web es muy eficaz para convencer a la gente a comprar, solo obtendrá entre un 0,5% y un 10% de visitantes (y, más a menudo, estará en el extremo inferior de ese espectro). Por lo tanto, necesitará que su anuncio sea visto por aproximadamente 1.000 o 2.000 personas para que pueda obtener una sola venta, lo que significa que estará pagando una cantidad relativamente alta para que su anuncio se vea de 10.000 a 20.000 veces para conseguir aproximadamente unas 100 ventas.

Este tipo de publicidad puede suponerle un montón de tiempo y dinero hasta lograr dar con la formula correcta que le permita rentabilizar la inversión. Lo más probable es que al principio se encuentre realizando pagos por campañas que serán el doble o el triple de su ganancia. Esta situación se revertirá en cuanto descubra como hacer la selección correcta de palabras clave, promociones y demás aspectos.

CONSTRUIR SU PROPIA AUDIENCIA

Si no tiene una cantidad de dinero para invertir en publicidad o la idea de hacerlo no le atrae, entonces su única opción es construir su propia audiencia naturalmente con el tiempo.

Eso significa crear un blog y luego usarlo para promocionarse a través de las redes sociales y crear una lista de correo llena de suscriptores. Nuevamente, no puede esperar que su tasa de conversión sea alta y necesitará alrededor de 10.000 visitas diarias para que pueda vivir casi a tiempo completo.

Alcanzar esto no es algo que ocurra de la noche a la mañana. La realidad es que es un proceso lento. Puede esperar que transcurra al menos un año antes de recibir 600 visitantes al día y, si bien acumulará un crecimiento exponencial en este punto, es probable que transcurran algunos años antes de que llegue a los 10.000.

Ah, y en este punto, el marketing de afiliación es todo menos pasivo. En esta etapa, invertirá una gran cantidad de tiempo en escribir un blog convincente que la gente quiera seguir, enviar un correo electrónico a sus suscriptores y administrar campañas publicitarias.

En cualquier camino que escoja debe estar preparado para invertir una gran cantidad de tiempo y algo de dinero. El marketing de afiliados ciertamente puede ser muy rentable y permitirle vivir cómodamente, pero requiere de dedicación y conocimiento, algo que solo se consigue dedicando mucho tiempo. La realidad es que si esto no fuera así todos serían ricos y nadie trabajaría para otros ¿verdad? Así que en el fondo es realmente una cosa buena.

Tal vez el último párrafo le ha dejado mal sabor de boca. La intención no era desmoralizarlo o hacerlo abandonar el camino. El punto aquí es que debe ser realista.

Todo lo que significa es que debe comenzar no solo con el enfoque correcto, sino también con las expectativas correctas. No entre en el marketing de afiliación pensando que será un millonario de la noche a la mañana porque estará muy decepcionado al cabo de poco tiempo y esto le llevará a rendirse. Debe tener muy claro que este es un proceso lento y que, para empezar, no será su único ingreso.

La forma en que puede evitar esto es hacer que el marketing de afiliados se convierta en una especie de pasatiempo además de su trabajo habitual. O puede configurar algún modelo de negocio en línea alternativo diferente para ganar el dinero que necesita para invertir en marketing de afiliados y para encontrar el tiempo necesario para trabajar en él.

Esto puede parecer mucho trabajo, pero si puede encontrar el tiempo por la noche para subir tres artículos por semana y hacer un poco de marketing, debería poder hacer un progreso constante. Si puede invertir tres horas a la semana, es probable que esto sea suficiente.

Si bien con esto puede no estar logrando un ingreso suficiente para permitirse vivir solo de él, le estará brindando un dinero extra que puede destinar al pago de algún recibo o tal vez unas vacaciones, que de otra forma no hubiera podido permitirse. Realmente estará incrementando sus ingresos y la realidad es que lo estará haciendo dedicándole solo un poco de tiempo a la semana.

Y lo cierto es que si mantiene su esfuerzo este dinero se incrementará. Puede que al cabo de un año no pueda vivir solo del, pero ciertamente su estilo de vida habrá cambiado notablemente ya que sus ingresos mensuales se habrán visto incrementados de forma continuada.

Y no solo eso. Además de poder contar con más dinero para invertir en usted y en lo que quiera, contará con un respaldo en caso de perder su puesto de trabajo habitual, una seguridad financiera que le permitirá vivir más relajado. Asimismo, si eligió vender productos en un nicho en el que esté interesado, podrá hacer todo esto mientras disfruta esencialmente de aprender sobre un tema que le encanta. Y a medida que crea una gran audiencia, encontrará que es altamente gratificante convertirse en una "autoridad" en esa área y tener un correo de admiradores y una gran audiencia cautiva.

Y si sigue así, eventualmente puede comenzar a ganar millones mientras duerme. Solo asegúrese de que este no sea tu objetivo inicial. Primeramente, su objetivo debe ser obtener un buen ingreso suplementario.

Esto puede sonar trivial pero realmente no lo es. Comenzar con las expectativas e intenciones correctas marcará la diferencia entre rendirse y disfrutar de una gran carrera por delante que finalmente lo hará libre.

Ese es el primer y más importante "secreto" para el marketing de afiliación.

CAPÍTULO DOS: LA MECÁNICA DEL MARKETING DE AFILIADOS

Hemos visto cómo funciona el marketing de afiliación, pero lo que aún no hemos abordado son los mecanismos precisos y cómo entender esto puede ayudarlo a ser más efectivo en su trabajo.

¿Qué sucede, por ejemplo, cuando alguien hace clic en uno de sus enlaces de afiliados? La respuesta es "cookies". Las cookies son pequeños archivos que se guardan en la computadora y son manejados por su navegador. Los sitios web pueden almacenar cookies y luego buscarlas, y usan esto para mantenerlo conectado a Facebook o para mostrarle anuncios relevantes según su historial de navegación.

Cuando un comprador hace clic en su enlace, se envía a la página de pago de un producto específico. Sin embargo, al mismo tiempo, se almacenará una cookie en su computadora que los identificará como remitidos por usted. Esto significa que cuando realizan una compra, los beneficios pueden ser asignados a usted.

Comprender esto es importante porque presenta un riesgo potencial: que las personas vean lo que está vendiendo y naveguen por su cuenta. Esto se denomina "desvío de enlaces" y vale la pena evitarlo mediante la ocultación de enlaces. Eso significa usar una redirección que envía a las personas a su enlace de afiliado mientras les oculta la URL. Puede hacerlo usando un simple bit de código: <meta http-quiv="refresh" content="0; url=http://www.example.com/affiliatelink">

También vale la pena investigar un poco sobre el esquema de afiliación con el que va a trabajar. Eso es porque el creador de una cookie también puede establecer la vida útil. Una cookie puede durar unos minutos o puede durar hasta que el usuario elija activamente eliminar sus cookies en la computadora.

Por supuesto, es mucho mejor para usted tener un esquema de afiliación con cookies que no caduquen en absoluto. Amazon tiene un esquema de cookies de "sesión limitada", por ejemplo, que solo dura 24 horas. Sin embargo, eso es bastante bueno en este caso, considerando que la gente ya sabe sobre Amazon y que usted puede ganar dinero con otras cosas que la gente compra en el sitio ese día.

Lo que también es importante tener en cuenta es si un afiliado posterior puede "anular" su cookie. Esto se vuelve relevante si alguien que debe hacer clic en su enlace de afiliado, no hace la compra, luego hace clic en el enlace de afiliado de otra persona y compra ¿Quién recibe el dinero? Esto depende de si el afiliado respeta el primer clic o el último clic. Si usted es un "referente de por vida", siempre se le dará crédito por la referencia, independientemente de lo que suceda después.

TIPOS DE PROGRAMA DE AFILIADOS Y CÓMO ELEGIR EL MEJOR PRODUCTO

Con esos detalles técnicos a la vista, es hora de comenzar a elegir productos y esquemas de afiliados. El primer paso aquí será decidir a qué tipo de esquema de afiliado desea unirse. ¿Quiere vender un producto digital? ¿Un producto físico? ¿Un servicio?

La mejor respuesta para la mayoría de los principiantes será un producto digital. Esto supone algo como un libro electrónico, un informe gratuito o un curso digital. No hay costos asociados con la producción, el almacenamiento o la entrega aquí y, como tal, el creador del producto obtiene una porción mucho mayor de las ganancias. Además, tienen más beneficios que compartir con usted y eso significa que puede ganar hasta un 50 o un 75% por cada venta.

Para encontrar estos productos, debe buscar en una red de afiliados como JVZoo, ClickBank, Comission Junction o Warrior Special Deals.

Para usar uno de estos sitios, todo lo que necesita hacer es registrarse, navegar a través de los productos disponibles y luego solicitar trabajar como afiliado para uno o varios de ellos. Puede ver datos e información sobre cada uno, como el número de ventas, el costo, etc.

A partir de ahí, usted puede elegir un producto digital que esté realizando muchas ventas pero que también le ofrezca una buena cantidad de efectivo por venta. Piense también en cómo va a comercializar cada uno de esos productos y en qué "ángulo" irá para hacerlo más deseable para su audiencia.

Probar el producto es una muy buena idea, ya que permitirá encontrar uno que ofrezca materiales de marketing gratuitos diseñados por el creador del producto. Algunos vendrán con páginas de destino, publicaciones de blog, secuencias de respuesta automática de correo electrónico y más elementos que pueda utilizar.

Promover productos digitales significa que usted gana más dinero por venta y significa que hay menos que pueda salir mal. También es el método preferido por muchos vendedores digitales, lo que significa que encontrará muchos más consejos y ayuda.

Sin embargo, algunas personas se sentirán más cómodas vendiendo productos físicos que pueden hacer al registrarse en Amazon Associates o Shareasale. A la gente le gusta vender productos físicos porque todavía tienen una audiencia mucho más amplia.

Por otro lado, todos gastamos dinero en artículos físicos, desde las abuelas a los deportistas e incluso los estudiantes. Esto significa que tiene una audiencia potencial mucho más grande. Sin embargo, desafortunadamente, los productos físicos también cuestan mucho más, tanto para producir como para enviar, y normalmente pasan por más canales antes de que tenga la oportunidad de promocionarlos. Cuando venda un producto a través de Amazon, por ejemplo, el dinero se dividirá entre usted, el creador del producto, Amazon, la compañía de entrega y posiblemente otro distribuidor.

Como tales, los afiliados en Amazon tienden a obtener entre un 4% y un 8% por venta en lugar de un 50/75%. Con frecuencia, los productos también serán más baratos y estarán menos orientados a obtener ventas digitales. ¿Por qué alguien haría clic en su enlace para comprar una computadora cuando solo tiene que ir a su tienda de tecnología local? Estas son las consideraciones que deberá tener en cuenta cuando comience a intentar vender productos físicos en lugar de productos digitales. Por supuesto, no hay nada que le impida vender ambos tipos de productos, aunque corre el riesgo de canibalizar sus propias ventas.

En última instancia, tiene más sentido comenzar con los productos digitales porque puede obtener mayores ganancias con menos ventas. Cuando aún no está recibiendo el gran volumen de visitantes que necesita para realizar cientos de ventas, la venta de productos digitales sigue siendo el camino más rápido para ganar dinero.

Finalmente, puede tener en cuenta servicios de venta o membresías. A menudo, estos le brindarán lo que se conoce como "comisiones de por vida". Por ejemplo, si puede hacer que la gente se registre en un sitio de apuestas, es posible que pueda ganar comisiones por ellos durante toda la vida de su membresía. Hay muchos menos de este tipo de esquemas de afiliados y normalmente la mejor manera de encontrarlos es visitar los sitios en persona.

Esto significa que puede terminar con muchas cuentas separadas y, a su vez, las cosas pueden ponerse un poco complicadas. Esto es más complejo y quizás no sea un gran punto de partida para los principiantes.

Algunos consejos más para elegir su producto

Otra cosa a considerar al elegir un producto afiliado es si es algo que podrá vender. No solo debe ser posible vender en general, sino que también significa que usted debe poder venderlo personalmente. Eso significa que, idealmente, debería estar en un tema que le resulte interesante y que sepa cómo vender. Un producto que le atraiga y en el que confíe.

Al crear un blog o crear una lista de correo, generalmente deberá escribir muchas publicaciones y correos electrónicos sobre el tema del producto para generar confianza, proporcionar valor y ofrecer una razón para que las personas visiten su sitio web en primer lugar.

Si no es cuidadoso y elige un tema del que no sabe nada, rápidamente le resultará agotador y aburrido y, de nuevo, tendrá más probabilidades de renunciar. Lo que, es más: los lectores pueden decir que no es un experto en el tema y esto socavará los textos que hace y dejará a sus lectores menos dispuestos a confiar en usted.

Al mismo tiempo, también debe pensar en las ventajas que son únicas para usted, como las rutas al mercado que pueda tener. Una ruta al mercado es cualquier enlace directo que tenga con un público potencial, como un blog o una revista. Si ya tiene un blog, entonces, por supuesto, debe elegir un producto que sus lectores encuentren interesante.

Pero también podría tener algunas rutas adicionales para el mercado. Por ejemplo, piense en sus contactos: ¿Tiene la dirección de correo electrónico de los principales bloggers? ¿Es amigo del editor de una revista?

En otras palabras, básicamente se reduce a elegir un producto que ya sabe que puede vender.

Incluso si no tiene una ruta directa al mercado, piense en cuáles podrían ser las mejores rutas para comercializar cada producto y cómo podría llegar a alcanzarlos.

No elija un producto y luego piense en cómo lo venderá; elija el producto porque sabe que puede venderlo. Hablaremos más sobre esto más adelante.

GRAN NICHO, PEQUEÑO NICHO

Del mismo modo, otra consideración que tendrá que tener presente es si elegir un "gran nicho" o un "pequeño nicho". Por supuesto, cada comercializador de Internet sabe que su "nicho" es su industria, que al mismo tiempo dictará su tema.

Por lo tanto, si está vendiendo un libro electrónico para obtener abdominales, su nicho y su industria son el fitness. Por otro lado, si está vendiendo un libro electrónico sobre cómo hacer dinero en línea, entonces su nicho es el negocio en línea.

Ganar dinero en línea es en realidad el mayor nicho que encontrará cuando se trata de productos digitales con esquemas de afiliados. De hecho, WSOPro (Ofertas especiales de Warrior Forum) está totalmente dedicado a los productos de marketing digital. Justo detrás del marketing digital como nicho, se encuentran el nicho de fitness y el nicho de citas en línea. Esto es algo bueno porque estos son nichos probados. Las personas están felices de gastar dinero para ganar dinero y también gastarán dinero para verse y sentirse mejor o para encontrar el amor. Estos son también temas que atraen a casi todo el mundo en un momento u otro de su vida. Por lo tanto, si está buscando un producto con un historial comprobado, es probable que se encuentre en estas áreas.

Pero también hay un inconveniente aquí: ese problema es que estas áreas son altamente competitivas y sobresaturadas por las mismas razones. Si desea llegar a esta audiencia, tendrá que gastar más dinero en publicidad de PPC, ya que estará ofertando contra más competidores. Del mismo modo, si desea crear un blog, estará compitiendo con un número mucho mayor de blogs por el primer puesto en Google y por los lectores.

A la inversa, si crea un blog para "Super Meat Boy", estará entre los otros dos sitios de fans y encontrará que puede ser visto rápidamente por casi toda su audiencia. De la misma manera, es probable que pueda pagar por publicitar estos términos en Google o Facebook sin gastar mucho dinero.

Lo mismo vale para escribir sobre un trabajo o profesión específica. Si está vendiendo un libro electrónico sobre "técnicas de iluminación de escenario", le resultará mucho más fácil llegar a esos profesionales sin gastar grandes cantidades de dinero. Pero al mismo tiempo, los productos también atraerán a un mercado mucho más pequeño. Esto significa que no tardará tanto en saturar el mercado y es probable que no haga tantas ventas a largo plazo.

¿La respuesta? A menudo, la mejor estrategia será comenzar desde un nicho más pequeño y luego construir su camino para llegar a los nichos más grandes.

Otra opción es elegir un producto afiliado que apunte a una sección transversal más pequeña de un nicho mucho más grande. Por ejemplo, "fitness para mayores de 50 años" es una porción mucho más pequeña del nicho más grande de "fitness". Lo mismo ocurre con el "marketing digital para estudiantes".

Sin embargo, una consideración más es quién es el objetivo demográfico y, específicamente, la cantidad de ingresos disponibles que tienen. No tiene mucho sentido dirigir una campaña para un sector de la población que carece de dinero suficiente como para invertir en lo que les está ofreciendo.

¿Por qué los creadores de productos en las redes de afiliados digitales ofrecen tantas ganancias?

Esta es una cuestión que podría estar planteándose en este momento. La razón es sencilla, solo debe tener en mente el poder de la mayor dispersión.

Si un vendedor le ofrece el 75% del valor de la venta esto significa que ellos solo están ganando el 25% y esto podría no tener mucho sentido hasta que uno piensa en el número mayor de vendedores que están teniendo.

Está claro que solo están ganando el 25% por venta, pero si tienen 20 afiliados que venden 100 copias de su artículo al día, todavía van a ganar mucho más que cualquiera de esos afiliados individuales. Más importante aún, podrán ganar mucho más de lo que harían si vendieran el producto por su cuenta.

Cuanta más comisión ofrezcan los afiliados, más personas participarán (en comparación con otros productos) y eso significa que podrán aumentar continuamente sus ganancias. Y, de todos modos, es probable que sigan ganando dinero con sus propias actividades de marketing, en las que ganarán el 100% por venta.

NO INVENTE LA RUEDA

Lo mejor del marketing de afiliación a través de JVZoo o ClickBank es que puede comenzar a ganar casi tanto como el creador del producto sin tener que crear nada. Realmente hay muy pocas razones para gastar mucho tiempo y dinero en la creación de un producto cuando simplemente puede encontrar uno listo para ganar la misma cantidad de dinero de inmediato.

Pero ahorrar tiempo y dinero es solo uno de los grandes beneficios del marketing de afiliación. El otro es el hecho de que los productos que va a vender vendrán "pre-validados".

Lo que esto significa básicamente es que usted sabe con certeza que existe una demanda por el producto que está vendiendo y que la gente realmente quiere comprarlo.

Por el contrario, cuando crea un producto por su cuenta existe la posibilidad de que, después de dedicar todo su tiempo y esfuerzo en construirlo, descubra que nadie lo quiere realmente. En este caso da igual cuan buena pueda ser su estrategia de venta.

Con el marketing de afiliación usted realmente puede escoger un producto que ya está teniendo demanda, es decir, del que ya se están realizando ventas. Lo único que necesitará ahora es definir su propio segmento para venderlo.

Es por eso que indicamos que no debe reinventar la rueda. Al menos no si lo que está intentando es ganar dinero de forma cómoda. Puede que diseñar su propio producto y estrategia de marketing pueda ser una gran aventura, pero desafortunadamente el porcentaje de éxito obtenido puede no ser el esperado y llevarse toda su inversión sin ver ni un mínimo beneficio. Ciertamente no le estamos desanimando a dejar de lado su proyecto de crear algo único y llamativo, pero debe tener muy presente los riesgos a los que se enfrentará y evaluar si verdaderamente puede permitírselo en este momento.

Lo que le recomendamos es que encuentre lo que funciona y luego vaya a por él. Una vez que haya tenido un éxito inicial y haya ganado algo de dinero, puede crear su propio producto o cambiar el mundo. Por ahora, confórmese con ganar dinero de una manera probada, rápida y eficiente.

Ampliar

Una vez que encuentre el producto correcto y comience a ganar dinero con él, puede continuar con esta estrategia de "repetir lo que funciona" de una manera muy sencilla: ¡repitiéndolo!

En otras palabras, si está ganando dinero con un determinado producto digital en un determinado nicho, ¿por qué no simplemente imitar ese modelo y comenzar a vender dos productos digitales diferentes? De esta forma podrá contar con más ingresos.

Con más dinero en su bolsillo podrá incrementar su inversión en publicidad y esto de nuevo revertirá en un mayor volumen de ventas ahora que ya sabe hacerlo de forma que funcione.

CAPÍTULO TRES: VENDER

Como se mencionó anteriormente, habrá algunos casos en los que puede encontrar productos digitales que se venden muy bien y que realmente le proporcionan su página de ventas e incluso los correos electrónicos que utilizan. Si puede encontrar un producto así, vaya a por él.

Pero dicho esto, no todos los productos digitales proporcionarán estos materiales, lo que significa que a veces aún tendrá que crear su propia página de ventas y secuencia de correo electrónico.

Del mismo modo, habrá ocasiones en las que vea formas de mejorar la página de ventas que ha recibido. Ahí es donde entra esta sección: hacer que las cosas se vendan.

¿QUÉ ES LA PÁGINA DE VENTAS?

Lo primero que debemos saber es qué es una página de ventas. La respuesta es que una página de ventas es una página completa en un sitio web que está totalmente dedicada a vender un producto. Esto significa que no habrá enlaces externos a otras páginas y que no se promoverán otros productos. Toda la página está diseñada para atraer a la gente al botón "comprar ahora" y convencerlos de por qué deberían comprar.

Es posible que haya visitado páginas de ventas en el pasado y las conozca a través de su diseño. Estas páginas son generalmente muy verticales y tienen un pasaje muy delgado de texto que fomenta un gran desplazamiento. Esto no es un accidente: el hecho de desplazarse hacia abajo en la página hace que los visitantes sientan que se están "comprometiendo" más con el producto y cuanto más se desplacen, normalmente menos querrán salir con las manos vacías ya que podrían considerarlo como un desperdicio de su tiempo y esfuerzo.

Mientras tanto, no habrá navegación ni enlaces a otras páginas, precisamente por la razón de que pueden distraerse de la opción "comprar ahora".

Un punto a añadir es que estas páginas suelen estar diseñadas para ser de color rojo brillante o naranja alrededor de los bordes. También hay una razón para esto: el rojo y el naranja son colores que en realidad hacen que el ritmo cardíaco aumente y nos haga sentir incómodos. Estos colores nos hacen querer actuar rápidamente, lo que nos hace ser más impulsivos.

Algo similar ocurre con los establecimientos de comida rápida. Si se para un momento a pensarlo verá que en muchos casos estos establecimientos están decorados en estos colores. La razón es sencilla: cuantos más clientes entren y salgan de sus establecimientos, más capacidad de venta tendrán.

Finalmente, hay una cosa más que considerar cuando crea su página de destino y es la confianza y las barreras para la venta. Cuando alguien llega a su sitio web y ve que está vendiendo un producto, para empezar, muy a menudo sospecharán de usted y se preocuparán de que sea una estafa. La gente todavía es reacia a entregar sus detalles en línea y, por lo tanto, si piensan que su página de ventas parece poco fiable, la mayor parte de las vences se irán. Su trabajo es hacer que sea lo más sencillo posible que compren y que confíen en el sistema que ha configurado para ello.

Esta es una de las grandes ventajas de vender productos a través de Amazon Associates. Aquí, su página de salida es Amazon, lo que hace que sea mucho más probable que los compradores confíen en que sus datos no serán robados. Es probable que ya utilicen Amazon, por lo que incluso podrían usar la opción de "comprar con un solo clic" para ahorrarse un montón de tiempo y realmente alentar esas decisiones de compra impulsivas.

Si usa JVZoo o Clickbank, entonces la página de ventas será construida por esos sitios y esto probablemente será un factor a considerar cuando elija la red con la que ir.

Pero la impresión inicial que causa en los visitantes se reducirá a la página de destino; por lo tanto, vale la pena asegurarse de invertir tiempo y esfuerzo para crear algo que parezca altamente profesional y confiable. Una de las maneras más fáciles y mejores de hacer esto es usar una herramienta como Optimize Press.

Optimize Press es un tema de WordPress que puede instalar con un solo clic para convertir su sitio de WordPress en una página de ventas tradicional. Cuando haga esto, utilizará diseños e imágenes confeccionados que se han optimizado en miles de sitios y que se refinan constantemente. Una vez hecho esto, todo lo que resta es añadir el texto.

De nuevo utilizar todas las herramientas a nuestra disposición es una gran manera de ahorrarnos tiempo y lograr buenos resultados. Si aun así no se ve capaz de lograr un resultado profesional no dude en invertir algo de dinero y dejar el asunto en manos de un profesional.

Su trabajo de venta y promoción posterior podría arruinarse si su página de ventas desanima a realizar las compras a sus usuarios.

ESCRIBIR UN GUION DE VENTAS

Una parte fundamental de su página de ventas será el texto que incluya en ella. El texto que use para vender su producto será el factor determinante más importante cuando se trata de sus tasas de conversión y esto es algo que vale la pena tomarse el tiempo para aprender.

A continuación, veremos algunos factores a tener en cuenta en su redacción:

Llamar la atención

El primer y más grande desafío cuando se trata de realizar ventas será captar la atención de sus visitantes y comunicar que hay algo que vale la pena leer y que no deben alejarse del sitio.

Por desgracia, la realidad es que a día de hoy todo el mundo parece tener demasiada prisa por lo que muy poca gente estará dispuesta a leer una gran cantidad de texto. Esto significa que deberá tener un gran gancho que ofrecer para que la gente permanezca en su página de ventas.

Una de las mejores maneras de hacer esto es darle a su página de ventas una estructura narrativa. Esto significa que debe convertir su presentación en una historia con la que su público pueda relacionarse. La razón por la que esto es tan efectivo es que siempre queremos saber cómo terminan las historias.

Otra ventaja de usar una narrativa es que hace que la situación sea más fácil de relacionarse. Al decirle a la gente que solía estar en la misma posición que ellos, puede interesarlos y al mismo tiempo será mucho más convincente.

De hecho, esta es la estructura básica de muchas páginas de ventas exitosas: introducir un problema y luego ofrecer una solución. Si está vendiendo un libro sobre abdominales, entonces el "problema" es la falta de una buena condición física o la incapacidad para perder peso. La solución, por supuesto, es su eBook y todo esto se enmarcará en una narrativa en primera persona en la que hablará de cómo una vez tuvo sobrepeso hasta que encontró esta increíble estrategia sobre la que pueden leer en su eBook.

La obesidad, el cansancio y la falta de energía son un tipo de "problema". Este es un problema emocional y abstracto con el que puede relacionar a cualquiera.

El otro tipo de problema es algo específico y simple. Por ejemplo, si está vendiendo un libro sobre iluminación de escenarios (como hemos comentado anteriormente), buscaría un problema muy específico y simple en este nicho. Quizás la gente tenga dificultades para comprar el equipo de iluminación de escenario que necesita. Quizás las luces sigan cayendo. Realmente no soy un experto en este campo así que los posibles problemas o soluciones pueden sonar un poco extrañas… y es por eso que no es un nicho que elegiría (¿recuerda lo que hablamos sobre elegir un campo con el que estuviera familiarizado? Nada responde mejor a esta necesidad como esto).

En cualquier caso, el punto aquí es que vender un producto que responda a una necesidad especifica es siempre una buena opción. Esto simplifica su trabajo de búsqueda de clientes a aquellos que deben enfrentar esa situación.

Esto debería entrar en juego cuando elija su producto: encuentre un producto que resuelva un problema claro y fácil de definir.

Otras cosas que llaman la atención son afirmaciones audaces y preguntas retóricas. Las preguntas retóricas funcionan bien porque obligan al lector a pensar y reflexionar. Esto significa que no pueden simplemente echar un vistazo al texto y no asimilarlo, sino que ahora deben comprometerse con él y pensar qué significa para ellos.

Por otro lado, aspectos como la fuente y el tamaño de la letra, así como si está en negrita o cursiva, son aspectos que ayudarán a llamar la atención del usuario.

Flujo y puntos de rotura

Al igual que necesita captar la atención rápidamente, también debe asegurarse de que la mantiene y no la suelta, ni siquiera durante un instante. Aquí es donde entra el flujo y es muy importante asegurarse de que su texto fluya sin problemas y sin interrupciones obvias.

El texto debe ser tan convincente que lleve al lector de una línea a la siguiente sin darle tiempo para pensar en irse.

Esta es otra razón para el diseño largo y estrecho que utilizan tantas páginas de ventas: naturalmente fomenta el flujo. Lo mismo es cierto con oraciones cortas y mucho espacio. Lo ideal es que desee que su contenido sea lo más sencillo posible. Puede hacerlo espaciando el texto, pero también utilizando varios encabezados. De hecho, generalmente se considera una buena práctica escribir sus encabezados de modo que la narrativa completa del texto pueda discernirse simplemente leyendo los encabezados.

Esta es también una razón por la que las páginas de ventas a menudo subrayan y cuentan con secciones en negrita. Recuerde que un bloque de texto masivo y denso siempre será desagradable y difícil de leer para alguien con prisa.

Otra consideración a la hora de fluir es mantener el interés de su audiencia y garantizar que su contenido nunca sea aburrido o pesado. Si comienza a repetirse o si la calidad de su escritura disminuye, puede perder a sus lectores.

Una buena solución aquí es leer el texto a través de usted y hacer que otras personas lo hagan y luego identificar los puntos en los que ocasionalmente pierden interés. Una vez que lo haga, simplemente corrija esa sección separándola más o usando un lenguaje más interesante.

Finalmente, también puede asegurarse de mantener la atención dirigiéndose directamente a cualquier inquietud del lector. El gran problema con el que está lidiando aquí es que la gente dice "sí, pero". Si han escuchado su presentación antes, entonces serán cínicos y no se involucrarán con lo que está diciendo. Por eso es su trabajo anticipar las objeciones que tendrá y luego responderlos antes de que se conviertan en un problema. Es por eso que a menudo se encontrará haciendo uso de una línea del estilo "Sé lo que está pensando..." como se muestra en el párrafo siguiente:

"Sé lo que está pensando. Esto no es nada más que otro plan que no se completará ¿Qué lo hace diferente de los otros que he visto? Aquí es donde radica la diferencia..."

Haciendo uso de la autoridad y de las estadísticas

Hacer frente a las posibles dudas de sus lectores tal y como se indicaba en el punto anterior es algo positivo, pero si realmente quiere lograr un peso mayor en sus argumentos no hay nada como hacer uso de estadísticas o figuras de autoridad.

Citar a una autoridad en su campo puede darles peso y credibilidad a sus declaraciones. Incluso solo citar a un usuario puede ser efectivo, especialmente porque la influencia social juega un papel importante en la toma de decisiones.

Si tiene citas de un grupo de personas que cantan las alabanzas de su programa, esto no solo hace que el programa suene efectivo, sino que también lo hace sonar como algo nuevo y emocionante que "todos están probando".

A su vez, eso aumenta enormemente la conveniencia asociada con él.

Proposición de valor

Lo más importante de todo, sin embargo, cuando se trata de su página de ventas es tener en cuenta su propuesta de valor. Una propuesta de valor es esencialmente lo que promete hacer para su comprador a través del producto. Esto es lo que le da al producto su valor.

Esto debería estar a la vanguardia de su lanzamiento de ventas porque es lo que dará al producto que está vendiendo su gancho emocional y la mayoría de las cosas que compramos se basan en la emoción en lugar de la lógica.

El viejo dicho dice que no vende un sombrero, vende una cabeza caliente. Es mucho más fácil vender una cabeza caliente porque una cabeza fría es un problema y una cabeza caliente es algo que hará que las personas sean más felices y que se sientan más cómodas.

Crear urgencia

Cuando hace que la gente lea su página de ventas, realmente está intentando crear un pequeño "cóctel neuroquímico" en su cerebro. Desea que se centren con sus afirmaciones en negrita, su estructura narrativa y el problema que ha descrito y que debe resolver.

Luego se enfocó en la propuesta de valor y los hizo imaginar cómo sería la vida con aquello que les estaba ofreciendo, ya fuera un libro para lucir unos abdominales espectaculares o lograr una estabilidad financiera. Esto último crea una verdadera sensación de deseo y hace que el lector sienta que debe tener el elemento que usted está promocionando.

Finalmente, va a crear ansiedad. La ansiedad proviene de la idea de que el producto no estará disponible para siempre y que va a desaparecer o a cambiar de precio.

En realidad, no tiene control sobre si eso es cierto como afiliado, pero eso no significa que su página de ventas no pueda aludir vagamente a la idea de que el producto no estará en stock para siempre, o que el precio probablemente subirá en el mercado. En un futuro cercano.

Esto crea "urgencia" y eso, a su vez, evita que el usuario quiera abandonar el sitio y "pensar en ello". Debe asegurarse de que actúen ahora y no más tarde. Puede hacer esto ofreciendo un descuento por tiempo limitado (algunos esquemas de afiliados le dan flexibilidad sobre el precio), o diciendo que solo hay un stock limitado y, por lo tanto, creando escasez (esto también hace que el producto parezca más popular).

Eliminando el riesgo

Finalmente, también debe intentar eliminar cualquier riesgo asociado con el producto. Esto es importante porque los seres humanos son naturalmente "adversos a la pérdida". Esto significa que estamos más motivados para evitar las pérdidas que para lograr ganancias.

Cuando compramos, esto entra en juego si pensamos que el producto puede ser de baja calidad o si creemos que podría ser una estafa.

Es por eso que siempre debe ofrecer una "garantía de devolución del 100% del dinero".

Mejor aún, considere ofrecer una "prueba antes de comprar". Todas las grandes redes de afiliados ofrecen lo primero, mientras que puede haber formas de proporcionar lo último (regalando el primer capítulo, después de consultar con el creador del producto).

MÁS TECNICAS DE VENTA

Si bien todo lo mencionado hasta ahora se basa en la venta a distancia, puede haber ocasiones en que la venta presencial sea parte de nuestro marketing de afiliados. He aquí algunos puntos que puede utilizar tanto de forma presencial como a distancia.

Son muchos los aspectos que debemos tener presentes cuando encaramos personalmente a un cliente. Lo primero y más importante es que usted construya una imagen personal de integridad y confianza. Nada lo hará ver mejor ante un cliente que el que este sepa que sus argumentaciones son fiables.

Aquí entran en acción varios factores. Uno de ellos es saber cómo disculparse con un cliente ante un contratiempo. Ya sea por un retraso o por cualquier otro motivo por el cual el cliente se haya sentido agraviado, esto debe ser parte de su gestión.

Sea creativo a la hora de encarar este tipo de situaciones. Hacer que sus clientes sepan que empatiza con su malestar lo hará sentir más cercano.

Otro punto que debe tener presente cuando se reúne con un cliente es agradecerles su tiempo y su atención, estas son palabras que todos agradecerán escuchar. No olvide indicar su deseo de volver a verlo de nuevo una vez se despidan.

Una vez que se produce la interacción el primer punto podría ser ofrecer algo que pueda permanecer en el tiempo. Es decir, mantener una **oferta duradera**. Si está comercializando un producto de belleza o algún complemento, saber que siempre lo podrá conseguir de usted hará que el cliente aprecie mejor su oferta. Hágale saber que puede confiar en usted en el futuro.

Recuerde que es mucho más fácil retener a los clientes que ya tiene que seguir atrayendo nuevos clientes todo el tiempo. Una sencilla frase como inversión de por vida le permite ofrecer mayor confianza.

Una vez cerrada la venta su mantra debe ser **entregar lo que se ha indicado**. El cliente debe recibir justo lo que él ordenó. Ni mejor, ni peor, solo aquello que él personalmente indicó que quería. Aunque piense que es mejor enviar algo mejor que lo requerido podría estar cometiendo un gran error ya que realmente usted no conoce las intenciones de su cliente sobre su compra.

Otro aspecto que lo harán lucir ante sus clientes es cumplir siempre con los **plazos de entrega**. Lunes significa lunes, la primera semana de octubre significa la primera semana de octubre. Sus clientes están esperando para oírle decir, entrego a tiempo. El proveedor que constantemente hace eso es una rareza y será recordado.

La tarifa más baja le da al cliente algo que ver. Cada cliente viene con ciertas expectativas sobre la calidad de los productos, los servicios y la experiencia total de tratar con su negocio.

Cuando supera sus **expectativas**, él percibe la calidad como relativamente alta. Cuando no cumple con sus expectativas, él percibe la calidad como relativamente baja.

Algo fundamental que debe hacer es **valorar a su cliente**: ya sea un negocio pequeño o grande su cliente debe percibir que usted realmente valora su empresa. Esto significa más que un simple, gracias por el pedido. La apreciación genuina implica asegurarse de que todo se está desempeñando satisfactoriamente y determinar que el problema original se haya resuelto.

"Usted es nuestra prioridad", es la frase que cualquier cliente desea escuchar. Como clientes, todos regresamos de buena gana a personas y empresas que se muestran sinceramente interesados en ayudarnos. Queremos tranquilidad, integridad y la seguridad de que, si hay un problema, se manejará sin costo adicional. La credibilidad hace que los clientes vuelvan.

Además, encontrar aquello que desean los clientes insatisfechos es el camino a lograr clientes permanentes. Cuanto mejor lo haga más clientes ganará

Sea **práctico** y **profesional**: la mención de la palabra profesional es lo que puede venderle rápidamente. Cuando pensamos en el éxito en los negocios, la mayoría de nosotros pensamos en términos de ingresos, estadísticas, hechos y cifras. Sin embargo, todas esas medidas de éxito están determinadas por el comportamiento de los clientes y los empleados que los atienden. Recompense a los clientes, y los creará y mantendrá.

¿Recuerda lo que comentamos de vender un producto probado? Nunca olvide indicar que está trabajando con un producto cuya eficacia ha sido probada. Nada se destaca como **calidad** para los clientes. Siempre procure la excelencia en todo lo que toca.

Otros de los aspectos que lo harán ver mejor delante de sus clientes es que ellos sientan que usted les brinda apoyo. Una frase de este estilo "Definitivamente me aseguraré de que se solucione" es lo que están esperando. Por supuesto usted deberá encargarse de cualquier incidencia, pero hacerle saber a su cliente que lo va a hacer hará que sus clientes lo vean de otra forma.

Otro aspecto que valorarán es **ser práctico**: eso le hace realista para los clientes. En la economía orientada a servicios de hoy, un servicio excelente es más que un arma competitiva, es una habilidad de supervivencia. Saber cómo ganar y mantener a los clientes es la habilidad más importante que cualquiera puede aprender.

Dejar una **buena impresión** en el cliente es transcendental. Termine cerrando la venta o no, la impresión que deje en la persona con la que se está reuniendo es importante. Si el usuario recibe una buena impresión lo más probable es que compre o que recomiende su servicio a otro. Si la impresión es neutral lo más seguro es que no realice ninguna acción y definitivamente, si la impresión es mala ni comprará ni recomendará el servicio.

Cuando enfrente una pregunta realmente difícil que requiera una investigación de su parte, admita que no sabe la respuesta. Su respuesta debe ser del estilo: **No lo sé, pero lo descubriré**. Pocas cosas arruinan su credibilidad más rápido que tratar de responder una pregunta de la que no está seguro de todos los hechos.

Los compradores inteligentes pueden probarlo con algunas preguntas que saben que usted no puede responder y simplemente sentarse en silencio mientras lucha por fingir una respuesta inteligente. Recuerde: una respuesta honesta mejora su integridad.

Dicho esto, contar con la **información** necesaria sobre el producto o servicio que usted está vendiendo es primordial. Sus clientes esperaran que usted tenga respuesta a sus dudas. Usted deberá contar con la información necesaria para hacerle entender que es lo que está ofreciendo, sus características y valor.

Recuerde que su negocio trata de servir a los demás. Cuanto más se dedique un negocio a servir a otros y cuanto menos trate de usted y sus necesidades, mejor funcionará.

El marketing consiste en comprender a sus clientes con tanta profundidad y claridad que puede potenciarlos y alentarlos a ser evangelistas para su causa o empresa.

CAPÍTULO CUATRO: MÁS PLATAFORMAS DE VENTA

Por supuesto, su página de ventas es un lugar donde puede promocionar y vender productos de afiliados, pero no es el único. Por ejemplo, otro lugar, puede estar dentro del cuerpo de sus artículos, a través de un enfoque más pasivo. Veamos más.

BLOG POSTS

Si está gestionando un blog y lo está utilizando para crear una gran audiencia que puede dirigir a su página de ventas, también puede usar esas publicaciones del blog para realizar sus ventas.

Todo lo que tiene que hacer es incrustar direcciones URL en el cuerpo de esas publicaciones. En este caso, solo debe mencionar que el "producto X" es realmente bueno para lo que escriba y luego dejar el enlace para que haga clic el lector. Si están realmente interesados en su contenido y está haciendo un gran trabajo para demostrar su conocimiento y hacerlo emocionante, esto puede llevar a unos pocos clics adicionales.

Esta es en realidad una estrategia especialmente buena para usar al vender productos físicos como afiliado de Amazon y aquí puede incluso aprovechar la curiosidad del lector.

Por ejemplo, puede escribir un artículo sobre citas y mencionar cómo algunas personas incluso usarán feromonas o aerosoles de oxitocina para hacerse más atractivos (y este es un gran producto para consultar). Claramente, esto es algo en lo que la gente puede hacer clic solo por pura curiosidad, incluso si no tienen la intención de comprar. Pero debido a que Amazon tiene una cookie de 24 horas, puede hacer una comisión por cualquier cosa que luego decidan comprar en el sitio, ¡incluso si vuelven más tarde por su propia cuenta!

Del mismo modo, puede utilizar enlaces a productos físicos en publicaciones de blog y luego venderlos activamente. Muchos blogueros obtienen sus ingresos principales al revisar los productos de Amazon y enlazarlos.

EMAIL MARKETING

Otra cosa que se presta muy bien al marketing de afiliación es el marketing por correo electrónico. Simplemente cree una gran lista de correo desde su blog y luego lance productos a ellos.

Por supuesto, deberá crear un blog atractivo y dar a sus lectores una buena razón para suscribirse para poder construir esta lista lo suficientemente grande. Sin embargo, una vez que haya hecho eso, tendrá acceso directo a una gran audiencia de personas que confían en usted y que le dieron permiso para comunicarse con ellos.

MARKETING DE AFILIACIÓN EN PERSONA

Lo crea o no, incluso puede utilizar el marketing de afiliación en persona. Alternativamente, puede hacerlo utilizando flyers de la misma manera que lo haría si estuviera vendiendo un producto o servicio a comisión como empleado.

Aquí solo necesita una URL simple que la gente pueda escribir en su navegador. Esto podría lograrse mediante el encubrimiento de enlaces o mediante una página de ventas de su propia creación.

A partir de ahí, puede agregar el enlace al flyer y entregarlo a la gente en la calle o a través del puerta a puerta. Incluso puede hacer un evento en persona para explicar por qué el producto es tan bueno.

Esta es una estrategia que funciona particularmente bien para los programas de membresía de por vida. Por ejemplo, si puede encontrar un sitio de juegos de bingo con un programa afiliado, imprimir algunos folletos y luego repartirlos en un área con una gran población, puede hacer que algunas personas se inscriban y que luego le proporcionen un ingreso. Durante todo el tiempo son miembros.

¿Observa cómo funcionan las diferentes estrategias para diferentes tipos de productos afiliados y para diferentes características demográficas? Una vez más, la clave aquí es tener sinergia entre su selección de productos, su propio blog y sus rutas de comercialización.

¡Piense en todo antes de comprometerse con su primer producto elegido!

Usar sus rutas existentes para comercializar

Como se mencionó, existe una gran posibilidad de que, sea quien sea, tenga al menos una buena ruta hacia el mercado; a menudo solo es cuestión de pensar con cuidado.

Por ejemplo, podría ser que, entre sus amigos, se encuentre alguien que dirige una revista sobre jardinería con un número de lectores que alcancen mensualmente los 5.000. Esta es una ruta fantástica y fácil para usted en ese segmento, especialmente porque probablemente también haya un sitio web con un foro involucrado. Solo pregunte amablemente y vea si cubren su historia.

El punto aquí es que todos contamos con más recursos de los que inicialmente podríamos suponer. Piense cuidadosamente en todas sus conexiones y téngalas presentes en su cabeza.

Marketing de influencers

¿Ha pensado cuidadosamente en sus conexiones y todavía no ha encontrado nada que le haga pensar en positivo? Entonces es el momento de acudir al plan B. Una buena alternativa puede ser la de trabajar con un influencer. Puede trabajar de forma conjunta con ellos, ya sea mediante el pago o a través de acciones cruzadas.

Un gran ejemplo es escribir una publicación de invitado para un blog. Esta es una estrategia comúnmente utilizada para crear enlaces a un sitio web, pero en realidad puede ser igual de efectiva cuando se usa como una forma de obtener ventas directas.

Encuentre un blog que acepte contribuciones de otros escritores, luego ofrezca escribir un artículo gratis que puedan publicar en su sitio, a cambio de incluir un enlace a su sitio web (que es solo una página de destino con su producto afiliado).

Si puede participar en un blog con cientos de miles de personas que lo leen, entonces potencialmente puede hacer que su enlace sea visitado por miles de personas.

¿Cómo alcanzar a estos grandes influyentes que lideran su nicho? Existen dos estrategias. La primera consiste en participar en un buen número de eventos que le permitan conocerles en persona e interactuar con ellos, en resumen, crear una relación que pueda extenderse más allá de un simple saludo en una convención.

La siguiente es ir paso a paso: no espere acercarse al mayor gurú en su campo de la noche a la mañana siendo un completo desconocido que no cuenta con más que unas pocas visitas mensuales. En esta realidad lo mejor es asociarse con personas a su mismo nivel y contribuir recíprocamente para aumentar sus audiencias.

Esto también le brindara la oportunidad de tener relaciones más parejas y no sentirse abrumado por sus colaboradores por decirlo de algún modo.

CAPÍTULO CINCO: COMERCIALIZANDO SU BLOG, LISTA DE CORREO Y PÁGINA DE VENTAS

Las estrategias anteriores son lo que se conoce en la industria como "hacks de crecimiento". Es decir, son técnicas que puede utilizar para aumentar rápidamente su exposición a un público mucho más amplio, en lugar de crecer lentamente utilizando la trayectoria normal.

Sin embargo, más a menudo, se encontrará tomando un enfoque más directo para ascender gradualmente a través de los rangos mediante SEO (optimización de motores de búsqueda), redes sociales y marketing de contenido.

El poder del marketing de contenidos

La clave aquí es el marketing de contenidos. El marketing de contenidos significa simplemente crear mucho valor en su sitio web mediante la publicación de publicaciones de blog de alta calidad, artículos y peculiaridades.

El objetivo aquí es dar a las personas una razón para visitar su sitio y el contenido es la razón principal por la que visitamos cualquier web en la red. Sin embargo, al mismo tiempo, su contenido es lo que demostrará su conocimiento y su sensatez. Puede usar esto para generar confianza y autoridad de tal manera que cualquier producto que recomiende sea tomado más en serio por su audiencia.

Esto también es lo que animará a las personas a registrarse en su lista de correo y lo que hará que los afiliados quieran trabajar con usted. En general, esto es lo que le ayudará a pasar de 0 espectadores al día a 10.000 espectadores. Asegúrese de que su contenido sea lo suficientemente largo como para ofrecer un valor real y que sea único y atractivo.

Otro consejo es asegurarse de que está dedicando tiempo y esfuerzo para crear el mayor contenido posible. La clave aquí es que, para poder vivir a tiempo completo de un blog, debe tratarlo como una vida a tiempo completo en función del trabajo que realiza. También debe estar en cada sitio de redes sociales y asegurarse de hacerlo saber.

PPC

En términos de publicidad de PPC (pago por clic), hay dos redes principales que probablemente elegirá. Estas son Google AdWords y los anuncios en Facebook. El primero le permite colocar sus anuncios junto a búsquedas específicas directamente en las SERPs (Páginas de resultados del motor de búsqueda), el segundo le permite mostrar anuncios en los feeds locales de los usuarios.

Lo mejor de estos dos tipos de publicidad, aparte de su naturaleza de pago por clic, es el hecho de que le permiten apuntar cuidadosamente a un tipo de visitante muy específico. Su objetivo no es conseguir miles de clics de forma indiscriminada sino lograr llegar a aquellos realmente interesados en sus productos, es decir a aquellos espectadores que harán clic.

En AdWords de Google, puede lograr llegar mediante frases de orientación que solo los compradores potenciales buscarían.

En el caso de Facebook puede afinar esto segmentando a sus clientes potenciales por sexo, edad, región o temas de interés.

CAPÍTULO SEIS: OTROS ASPECTOS

Una de las mejores cosas del marketing de afiliación es que, literalmente, puede comenzar a ganar dinero en línea en unos pocos días, incluso en unas pocas horas. No necesita un producto propio, ni siquiera un sitio web si decide crear campañas que dirigen a los visitantes a través de sus enlaces de afiliados, y puede elegir entre una amplia variedad de productos para promocionar, entre ellos:

Productos físicos tales como libros, cursos de entrega física, DVD, videos, equipos y productos digitales como libros electrónicos, informes, tutoriales en video, lecciones de capacitación o entrenamiento, se encuentran a su disposición en este segmento.

Ser un comercializador de afiliados significa que tiene la libertad de elegir en qué mercados o temas le interesa entrar y puede abarcar tanto terreno como tiempo tenga.

Pero hay una pega con el marketing de afiliación, en lugar de vender sus propios productos: usted debe esperar a que llegue su comisión por vender lo de otros.

En su mayor parte, esperar un par de semanas para que el pago de la comisión llegue a su buzón de correo o cuenta bancaria no es un problema, pero ¿qué hace cuando necesita efectivo rápido y simplemente no puede esperar a que sus ganancias se acumulen? Veremos a continuación una variedad de programas de afiliados que están configurados para entregar pagos automáticos. ¡Así que sin más demora, vamos a empezar!

Cómo generar efectivo

Antes de que pueda comenzar a ganar pagos instantáneos de comisiones, deberá configurar una forma de recibir su dinero. Con la mayoría de los programas de comisiones instantáneas, los fondos se procesan a través de Paypal, por lo que querrá configurar una cuenta de Paypal para usar en estas campañas.

Podrá configurar su cuenta en cuestión de minutos, pero para eliminar cualquier limitación en las restricciones (como la cantidad de dinero permitida para ingresar o salir de su cuenta), deberá agregar y confirmar una tarjeta de crédito y cuenta bancaria.

Una vez que esté listo para aceptar los pagos, es hora de encontrar ofertas de afiliados que proporcionen un procesamiento automático de comisiones. La forma en que se ejecuta la mayoría de estos sitios es mediante el uso de un script que dispersa el pago enviándole el 50% de las ganancias y reteniendo el 50%.

Hay algunos scripts diferentes disponibles en el mercado que permiten a los proveedores pagar a los afiliados automáticamente y es importante que esté familiarizado con ellos.

Lanzar sus campañas

Antes de que pueda comenzar a ganar dinero con las ofertas instantáneas de afiliados, debe poder dirigir el tráfico dirigido a través de sus enlaces de afiliados. Hay muchas maneras de hacer esto, y esta sección se enfoca en técnicas gratuitas.

Para comenzar, querrá desarrollar suficiente contenido para impulsar una variedad de campañas promocionales. Como ya hemos dicho, el contenido es el componente más importante de una campaña de afiliación exitosa, ya que incentiva a los lectores y vende los productos que promociona.

Cuanto más contenido tenga, mejor, pero podrá comenzar a generar tráfico a través de sus enlaces de afiliados con solo 10 o 15 artículos cortos y específicos.

La clave para crear un contenido de artículo poderoso es mantenerlo enfocado y relevante. Debe desear que el artículo proporcione información importante sobre el tema en el que se está enfocando, mientras deja al lector ansioso por obtener más.

Asegúrese de tejer palabras clave específicas en todo su contenido, incluso dentro del título de su artículo y en los primeros párrafos de su texto.

De esa manera, no solo podrá captar la atención de los clientes potenciales seleccionados, sino que también podrá asegurarse de que su contenido se indexe y clasifique rápidamente en los motores de búsqueda según sus palabras clave principales.

Campañas de marketing de artículos

Existen algunos ingredientes importantes para crear campañas de marketing de artículos de alto rendimiento que maximizan la efectividad general de sus esfuerzos de marketing, al tiempo que se aseguran de que reciba la mayor exposición posible de cada artículo que envíe a los directorios en línea.

Primero, debe saber que escribir un artículo sobre cualquier tema no producirá los resultados que está buscando, si no ha realizado primero una investigación de palabras clave para identificar lo que su público objetivo está buscando activamente y las palabras clave y frases exactas que utilizan para hacerlo.

Este es fundamentalmente uno de los elementos más críticos de una exitosa campaña de marketing de artículos.

Cuanto más cerca esté de apuntar a su base de clientes potenciales con artículos bien escritos que incorporan palabras clave primarias, más tráfico y exposición podrá generar.

Piense en las posibilidades si evaluó cuidadosamente un nicho de mercado, creando archivos de palabras clave con términos y frases altamente relevantes y los incorpora a su contenido.

¡Esto no solo lo ayudará a posicionarse dentro de los motores de búsqueda, sino que sus visitantes y lectores serán dirigidos excepcionalmente!

Cada artículo debe tener una longitud de entre 300 y 600 palabras y proporcionar información útil que su audiencia objetivo encuentre atractiva.

Cuanto mayor sea el número de artículos en circulación, mayor será la exposición que recibirá, sin embargo, siempre debe centrarse en producir contenido de alta calidad, en lugar de solo en cantidad.

Además de beneficiarse directamente de la exposición recibida al mostrar sus artículos en directorios de artículos populares como www.EzineArticles.com, también se beneficiará de la frecuencia con la que los motores de búsqueda rastrean directorios de artículos debido al nuevo contenido publicado cada día.

Esto le permite generar vínculos de retroceso excepcionales desde estos directorios de artículos en función de la cantidad de textos presentados que contienen enlaces a su sitio web dentro del cuadro de recursos del autor.

También hay otra razón por la que la comercialización de artículos es un método tan lucrativo de generar tráfico a su sitio web.

Ya que los artículos están disponibles para volver a imprimirse, donde los webmasters pueden usar su contenido en sus sitios web y comunidades, (siempre y cuando el cuadro de recursos de autor quede intacto), también podrá crear enlaces de respaldo adicionales desde los sitios web que cuentan con su contenido en toda la red.

Lo más importante que debe recordar es que debe crear un cuadro de recursos de autor convincente, ya que es el área donde puede incluir un enlace a su sitio web y dirigir a los lectores a explorar su propio sitio personal.

Debido a que el espacio asignado es bastante limitado, debe concentrarse en utilizar una llamada a la acción fuerte que le pida al lector que haga clic en su enlace y visite su sitio web.

La mejor manera de crear el cuadro de recursos de autor es considerarlo como un comercial corto, donde se le da un tiempo muy limitado para explicar los beneficios y resaltar las características más importantes de su producto o servicio.

Además, si ofrece un regalo gratuito o sorteo dentro de su caja de recursos, en lugar de un lanzamiento directo (como dirigir a su lector a descargar un informe o libro electrónico gratuito al visitar su página de compresión), maximizará al instante el rendimiento de sus artículos.

Generar tráfico de vínculos de retroceso

Hay un montón de rumores en torno a la creación de backlinks de calidad con el fin de mejorar la clasificación de los motores de búsqueda y generar tráfico orgánico y dirigido a su sitio.

Hay una buena razón para esto: los backlinks cuentan como "votos" para su sitio web y cuanto más tenga de ellos, mayor será su exposición dentro de los principales motores de búsqueda.

Los vínculos de retroceso identifican el valor de su sitio web y la fuente, así como la cantidad de vínculos de retroceso, se refieren a los motores de búsqueda, y a lo importante que es su sitio web.

Esto significa que es importante centrar sus esfuerzos de creación de vínculos de retroceso, tanto en la obtención de un gran número de vínculos de retroceso como en los vínculos de retroceso de calidad que enlazan con su sitio desde sitios web y blogs relevantes y establecidos.

Hay varias formas diferentes de crear una campaña de backlinks efectiva, incluida la generación de backlinks desde blogs, comunidades y foros de autoridad.

Cuando se trata de generar vínculos de retroceso a partir de blogs de autoridad, simplemente dedique tiempo a publicar comentarios en subprocesos abiertos, utilizando el texto de anclaje (cuando sea posible) para enlazar de nuevo a su sitio web mediante palabras clave relevantes.

Si bien no todos los blogs brindan enlaces para "seguir" (lo que significa que el enlace contará dentro de los motores de búsqueda), es relativamente fácil encontrar blogs que ofrezcan una gran cantidad de enlaces.

Debe asegurarse de que publica comentarios de calidad para que el administrador del blog retenga sus vínculos de retroceso.

También debe presentarse a sí mismo como una fuente confiable de información de calidad dentro de su nicho de mercado.

Generar tráfico desde sitios de redes sociales

Puede generar mucho tráfico a su sitio web estableciendo una reputación dentro de su nicho a través de las comunidades de redes sociales. Si bien esta estrategia de tráfico lleva un poco de tiempo, le resultará increíblemente fácil configurar y administrar sus cuentas y campañas.

Con **Facebook**, puede interactuar con quienes están en su mercado agregándolos como un contacto, pero también puede generar exposición de otras formas desde la comunidad de Facebook.

Facebook también ofrece un canal de publicidad interno, donde puede configurar campañas de PPC o CPC. Facebook ofrece amplias opciones de personalización, que incluyen la capacidad de definir su programación de publicidad, así como segmentos específicos de su mercado según el género, la edad e incluso la ubicación.

También puede comenzar a generar exposición creando una "Página de fans de Facebook" que permita a los clientes y suscriptores potenciales unirse a su página de fans y recibir actualizaciones y alertas instantáneas cada vez que publique material nuevo en su página.

Con **Ning**, puede crear su propia red social pública o privada, permitiendo a los miembros ver el contenido del artículo, los recursos y las herramientas publicadas en el canal de la comunidad. También puede limitar la visibilidad solo a los miembros, animando a los visitantes a unirse a su red social antes de obtener acceso completo a su material.

Twitter es otra red social y portal de información en línea. Puede establecer rápidamente una presencia en línea, generar tráfico dirigido e incluso crear una lista de correo mediante el envío de transmisiones regulares.

Con los directorios en línea, puede agregar su sitio web en categorías específicas y establecer instantáneamente vínculos de vuelta a su sitio web, ¡solo tenga cuidado de no hacerlo en exceso!

No cree miles de backlinks usando software o servicios automatizados, de lo contrario, corre el riesgo de ser penalizado por los motores de búsqueda.

Maximizando sus ingresos

Además de crear campañas de publicidad utilizando artículos de marketing, sitios de feeder y redes sociales, puede ir un paso más allá y configurar sus propios sitios web y nombres de dominio para que no solo pueda generar efectivo rápido con programas de afiliación automáticos, sino que también puede crear una lista de correo propia para que más adelante, cuando cree su propio producto, tenga una base de clientes ya hecha al alcance de su mano.

Para comenzar, necesitará un nombre de dominio y una cuenta de alojamiento. Dependiendo de su nicho de mercado, querrá asegurarse de que su nombre de dominio incluya palabras clave principales o ser genérico si planea cubrir una variedad de nichos o subnichos de mercado.

Puede registrar un nombre de dominio en http://www.nameCheap.com, por ejemplo, y puede configurar una cuenta de alojamiento para alojar su sitio web en http://www.HostGator.com.

CAPÍTULO SIETE: LOS SECRETOS QUE HA APRENDIDO

Hasta este punto hemos hablado de muchos de los aspectos que le permitirán embarcarse en el marketing de afiliados de forma exitosa. Vamos ahora a resaltar algunos de los consejos más grandes e importantes que hemos revisado.

El marketing de afiliados lleva tiempo

Para tener éxito en este negocio, debe abordarlo con las expectativas e intenciones correctas. Para empezar, apunta a ganar algo de dinero. No creer que será millonario de la noche a la mañana. Encararlo al principio como si se tratara de obtener un ingreso complementario a sus ingresos haciendo algo que ama.

No hacer algo rebuscado

No reinvente la rueda, hágalo tan simple como sea posible. Elija un producto digital que tenga muchas ventas probadas y use el modelo de negocio exacto en la medida de lo posible para beneficiarse de ese éxito comprobado.

Empezar pequeño e ir subiendo

Si no tiene mucho dinero para invertir en PPC, entonces intente comenzar con un nicho más pequeño. Si puede encontrar un producto afiliado dirigido a una industria en particular que resuelva un problema específico, por ejemplo, a menudo este será un buen lugar para comenzar. Luego, puede reinvertir el dinero que gane una vez que haya saturado ese mercado más pequeño.

Piense en cómo lo comercializará antes de elegir su producto

No escoja un producto y luego se preocupe por cómo llegar a una audiencia. En su lugar, elija un producto con una idea de cómo lo va a vender.
¿Cuál es la propuesta de valor?
¿Qué rutas de mercado tiene?
¿Qué tan fácil es apuntar a la demografía específica?
Use estas estrategias, sea consistente y encontrará que el marketing de afiliación realmente puede hacerlo ganar dinero y permitirle obtener un ingreso totalmente pasivo.

¡Mucha suerte!

www.ingramcontent.com/pod-product-compliance
Lightning Source LLC
Chambersburg PA
CBHW021454210526
45463CB00002B/772